La Guía Fácil de Horticultura para un JARDINERO NOVATO

JONATÂ F. CAVICHIOLI

PRÓLOGO

La naturaleza, durante generaciones, nos ha dejado como legado una gran variedad de especies para realizar los más variados y prácticamente innumerables alimentos, que además de nutrirnos, nos brindan el placer de saborearlos y disfrutarlos. La mayoría de las comidas y los diversos platos no serían posibles sin la contribución de los productos de la huerta. Un simple tomate para hacer ensalada, un humilde orégano para sazonar o una verdura versátil como la papa. Estos y muchos más se pueden cultivar en la huerta, y además de nutritivos, son económicos y tienen un toque hogareño inigualable. La huerta familiar está a tu alcance. Espero que disfrute de la valiosa información de este libro, preparado con mucho cuidado y amor, para que pueda ponerlo en práctica y cosechar los beneficios de su propia huerta.

Calebe Fernandez

CONTENIDO

AGRADECIMIENTOS

Gracias Calebe por tan agradables palabras de introducción a este libro.

Gracias madre, por darme siempre apoyo en todos mis proyectos.

Agradezco a Osvaldo, con quien comparto mi profesión, sus consejos para hacer de este libro una realidad.

La imagen de portada ha sido diseñada por macrovector / Freepik. Muchas gracias.

POR QUÉ CULTIVAR TUS PROPIAS VERDURAS EN CASA

Cultivar una pequeña huerta en casa es en esencia una tarea productiva. Si tenemos éxito en esta labor lo que obtendremos como resultado serán verduras de gran calidad. Sin embargo, dedicar tiempo, esfuerzo y recursos a esta actividad para muchas personas seguramente implica mucho más que dedicarse a un simple trabajo.

Son muchos los motivos para desarrollar y mantener una huerta. Aunque puede comenzar como un simple pasatiempo que nos ayude a combatir el tedio diario realizando una actividad agradable, sin duda que son muchas las razones que tenemos para cultivar nuestras propias verduras. Vamos a considerar algunas de ellas.

Contribuir a la economía familiar

Para muchas familias este tal vez sea el principal motivo para cultivar una pequeña huerta en casa. Y es algo que tiene mucho sentido si analizamos el contexto social y económico que afecta a muchos territorios alrededor del mundo. En estos tiempos enfrentamos recesión, inflación, devaluación e incluso pandemias, entre otros factores, que provocan la pérdida de nuestro poder adquisitivo y el aumento de los bienes de consumo por lo que tratar de reducir gastos está más que justificado.

Por otro lado, basta con mirar la góndola del supermercado para notar que los alimentos de mejor calidad y más saludables son los más costosos. Y esto se debe, entre otros factores, a que los auténticos vegetales orgánicos requieren de un mayor cuidado y dedicación que los obtenidos mediante la agricultura extensiva tradicional. Por eso si cultivamos nuestros propios vegetales, no solo estaremos preservando la economía familiar sino que además estaremos garantizando la calidad y seguridad de nuestros alimentos.

Producir alimentos de mejor calidad

Otra de las ventajas de cultivar nuestras verduras es que podemos obtener alimentos de mejor calidad que los disponibles en el mercado. Una forma de lograrlo es por seguir una forma de horticultura orgánica.

La agricultura orgánica es un sistema de producción sustentable que no permite el uso de productos químicos industrializados perjudiciales para la salud humana y para el medioambiente. Esto incluye fertilizantes y agrotóxicos así como reguladores de crecimiento sintéticos. En su lugar se busca mejorar y preservar la fertilidad del suelo naturalmente recurriendo a abonos orgánicos, estiércol, rotación de cultivos; se controlan plagas mediante pesticidas naturales que no contaminan el medioambiente ni dejan residuos tóxicos en los vegetales; entre otras técnicas.

El resultado es que cultivando en un suelo saludable, libre de agrotóxicos, podemos obtener alimentos de calidad superior a los que encontramos en el mercado. En concreto algunos estudios apuntan a un aumento en la concentración de algunos nutrientes, especialmente de antioxidantes, y una notable disminución en la presencia de ciertos metales pesados.

Apoyar un modelo de horticultura sustentable

Otro de los fundamentos de la agricultura orgánica es el respeto por el medioambiente. El objetivo es producir alimentos de mejor calidad preservando la biodiversidad y la fertilidad natural del suelo, usando los recursos naturales de manera racional, reduciendo la contaminación y protegiendo la salud de productores y consumidores. Esto se logra aplicando las técnicas mencionadas en los párrafos anteriores entre otras.

Pero a modo práctico podemos centrarnos en un solo aspecto en el que podemos contribuir al medioambiente independientemente de que cultivemos nuestra huerta mediante un sistema de producción orgánico o mediante uno tradicional: la cadena de distribución.

Uno de los factores que más contamina dentro de un sistema de comercialización, y cuyo costo es significativo dentro de la ecuación económica, es el transporte. Este factor está presente desde el centro de producción, en este caso el campo, hasta el centro de distribución, desde este último hasta el mercado y luego hasta nuestras casas. A gran escala, todo este sistema de distribución genera contaminación mediante la emisión de CO2 a la atmósfera, decibelios, etc. A menor escala, los residuos generados por el empaquetado, envasado y embolsado tanto en los centros de distribución como en el mercado también generan contaminación.

Con un huerto urbano estamos evitando la contaminación producida por el transporte así como por el uso de envases plásticos descartables.

Inculcar respeto por el medioambiente

Nuestro ejemplo dice mucho acerca de nosotros y deja un gran impacto en las personas que nos rodean ya sean de nuestra familia, especialmente los niños, así como nuestros vecinos y conocidos. Por eso elegir un modo de vida más sustentable puede ser una gran herramienta de aprendizaje para los que nos rodean. Cultivar nuestra huerta urbana podrá ayudarnos a nosotros mismos y a los demás a comprender por qué cuidar el medioambiente es importante y cómo podemos seguir un derrotero más ecológico y sustentable.

CÓMO PLANIFICAR UNA HUERTA

Una buena planificación nos ayudará a trazar el camino que deberemos seguir para obtener los mejores resultados a la hora de la cosecha. A fin de diseñar un buen plan tendremos que tener bien definido el objetivo que queremos alcanzar y a partir de ahí establecer los pasos que debemos seguir y los recursos que tendremos que utilizar para alcanzar la meta.

Definir el objetivo

Al momento de planificar nuestra huerta conviene que realicemos primero un autoanálisis para tener una perspectiva realista de lo que podremos lograr en un determinado lapso de tiempo. Podríamos hacernos las siguientes preguntas:

¿Cuánto tiempo estoy dispuesto a invertir en la huerta?

Del tiempo que podamos dedicarle a nuestra huerta va a depender la complejidad de las tareas que podamos realizar y de la cantidad y variedad de vegetales que podamos cultivar.

¿Cuánto espacio tengo disponible?

Definitivamente no sería realista pensar que podemos desarrollar la misma huerta si disponemos tan solo de un pequeño balcón que si tuviéramos una terraza o un gran jardín. Vamos a tener que diseñar nuestra huerta en función de la superficie que tengamos disponible.

¿Qué recursos tengo disponibles?

Estos recursos pueden ser el sitio, la superficie disponible, un suelo fértil, el agua o incluso una buena iluminación solar.

¿Cuánto dinero puedo invertir en los recursos que me faltan?

Podría ser que nos falten las herramientas que necesitemos para trabajar en la huerta. Y seguramente tendremos que adquirir abonos, fertilizantes e incluso los plantines o las semillas que plantaremos.

¿Qué resultados espero obtener?

Puede ser que queramos comenzar una huerta como un pasatiempo y no esperemos realizar grandes cosechas. Por otro lado, puede que nuestro objetivo sea producir todas nuestras verduras y dejarse depender del mercado.

Tener todos estos factores en cuenta nos va a permitir establecer un plan de acción que nos ayudará a lograr el éxito.

Determinar el tamaño de la huerta

La superficie que dediquemos para emplazar nuestra huerta dependerá básicamente de dos factores. En primer lugar dependerá del sitio que tengamos disponible. En segundo lugar de la producción que esperamos obtener en la temporada. Consideremos la superficie necesaria para suplir las necesidades de una persona.

5 m2: aproximadamente lo que mide un balcón, nos va a permitir cultivar hierbas, especias y tal vez alguna verdura.

10 m2: lo que puede llegar a medir un pequeño patio, es la superficie mínima que nos permitirá cultivar algunas hortalizas y aromáticas.

20 m2: con esta superficie se pueden producir la mayoría de verduras para ensalada.

40 m2: es la superficie mínima con la que se pueden cultivar todas las hortalizas que necesita una persona.

Sin embargo, si además queremos cultivar árboles frutales y vegetales que requieran bastante superficie como las calabazas, sandías y melones, tendremos que considerar una superficie mínima de 60 m2 por persona.

Diseñar y organizar la huerta

El diseño de la huerta es un factor a considerar al elaborar el plan. Desde un punto de vista estético una huerta bien diseñada y organizada aportará belleza a un jardín. Pero lo más importante, una huerta bien estructurada y ordenada, nos permitirá administrar bien nuestro tiempo, usar de manera eficiente los recursos disponibles y aumentar la productividad de nuestra cosecha.

Para ello nos conviene realizar un plano de nuestro jardín y emplazar la huerta en el sector con las mejores condiciones de suelo e iluminación. En el plano deberemos definir las distintas zonas que integrarán la huerta como por ejemplo camas de siembra, camas de plantación, compostera, cabina de herramientas, etc.

Asimismo deberemos proyectar en otro plano la distribución de los cultivos teniendo en cuenta las necesidades de luz y de agua así como el desarrollo de cada especie. Esto nos permitirá calcular la cantidad de plantines a cultivar, prever la producción estimada al momento de la cosecha y programar la rotación de cultivos para los próximos ciclos.

Programar un calendario de cultivo

Programar un calendario de cultivo te permitirá estar al día con tus cultivos así como con las tareas a desarrollar en la huerta. Por un lado deberías organizar mensualmente las especies a sembrar o trasplantar así como planificar el momento de la cosecha. Para esto te pueden servir los recursos que publican los organismos que supervisan la actividad agraria en la zona en donde vives u otras instituciones de bien público.

También te conviene programar los trabajos que deberás realizar en la huerta. Para esto deberás establecer un orden de prioridad y clasificar las tareas a desarrollar en diarias, semanales, mensuales y anuales. De esta manera no te olvidarás de nada y te asegurarás de que podrás realizar todos los trabajos a tiempo.

Elaborar un catálogo de vegetales

Tener un catálogo con las fichas de cada hortaliza te ayudará a la hora de planificar y programar tus cultivos. Para ello deberás recopilar toda la información que necesites sobre cada planta como por ejemplo época de siembra o plantación, requisitos de suelo, luz y agua, periodo de cosecha o cómo combatir plagas y enfermedades.

Además de las hortalizas que desees cultivar hay otras plantas que te conviene tener en tu catálogo. Por ejemplo, podrías recopilar información sobre plantas que repelen naturalmente a insectos y otros animales indeseables, que atraen a los polinizadores o que aumentan la fertilidad del suelo.

Llevar un registro de problemas y sus soluciones

Es muy probable que en algún momento nos enfrentemos a problemas inesperados en nuestra huerta. Por eso cuando encontremos una solución debemos tomar registro de estos incidentes. Cuando en el futuro nos volvamos a enfrentar a este problema o a otro similar nos ahorraremos mucho tiempo tratando de resolverlo.

Hacer un balance de fin de ciclo

Al finalizar un ciclo calendario, que podría ser en el invierno, tendremos que realizar un balance del año que pasó. Esto incluye revisar qué plantamos, cuáles cultivos fueron más productivos, qué problemas surgieron, cómo lo solucionamos, entre otras cosas. Hacer esto nos va a permitir identificar no solo los aciertos que tuvimos y que podemos repetir el próximo ciclo, si no también aquello en lo que tenemos que mejorar.

HERRAMIENTAS BÁSICAS PARA TRABAJAR EN LA HUERTA

Si ya te has decidido a iniciar un proyecto de huerta urbana seguramente sepas que necesitarás más que apenas unas pocas herramientas. Sin embargo, en este punto, no es necesario que adquieras un lote completo de herramientas que apenas sepas para qué sirven y que probablemente no utilizarás.

Estas, a su vez, variarán dependiendo del sitio que utilices para emplazar tu huerta. Por ejemplo, no necesitarás las mismas herramientas para plantar unas pocas hierbas en un balcón que las que necesitarías para cultivar hortalizas en un gran jardín. Lo mejor será partir de un kit básico y a medida que aprendas nuevas técnicas de cultivo o vayas expandiendo tu huerta consideres la posibilidad de adquirir otras herramientas.

Kit básico de herramientas

Ya sea que tengas en mente trabajar un macetero de tu balcón, cajones en una azotea o en tu jardín, necesitarás un kit básico de jardinería. Este consiste en:

Guantes de jardinería

Con tus manos realizarás la mayoría de trabajos por lo que un buen par de guantes resultan imprescindibles para trabajar en la huerta. Estos nos mantendrán las manos limpias mientras manipulamos la tierra, realizamos trasplantes o podas mientras que nos protegerán de heridas, picaduras o productos tóxicos.

Los más habituales son de algodón tejido y tienen la zona de palma y dedos cubiertos por látex o nitrilo por lo que resultan más ligeros y cómodos para trabajar además de ser impermeables. Aunque los más seguros, en caso de manipular cuchillas, son los de cuero. Mientras que para operaciones más simples los guantes de algodón o de látex son más apropiados, por lo que nos convendrá tener varios tipos de guante dependiendo de la operación que estemos realizando.

Cuchara de jardinero

Es una herramienta muy útil para trabajar en macetas, bandejas o jardineras así como para realizar trasplantes. La mayoría de los modelos disponibles en el mercado servirán aunque los que tengan hojas de acero inoxidable durarán más tiempo. Conviene también que el mango sea ergonómico para un mejor agarre.

Tijera de podar

Esta tijera nos servirá para realizar podas localizadas de aquellos brotes, ramitas y raíces que crezcan en exceso y puedan perjudicar nuestras plantas. También serán necesarias a la hora de cosechar para realizar cortes precisos que no dañen a la planta madre. Las tijeras ideales son aquellas construidas en acero inoxidable, mango ergonómico y con el fuelle retractil que nos permita operar con una sola mano.

Regadera

El suministro de agua es vital para el crecimiento de las plantas por lo que esta herramienta será más que esencial en nuestra huerta. Aunque hay modelos de gran capacidad, para realizar pequeñas operaciones conviene regaderas que no carguen más de 4l o 1gal de agua. De esta forma podremos trabajar con más comodidad en una pequeña escala.

Atomizador

Los atomizadores son necesarios para aplicar de manera localizada repelentes, insecticidas o fungicidas. También podremos utilizarlo para atomizar agua sobre verduras de hoja que precisen ser hidratadas, sobretodo si estamos cultivando en el interior. Para realizar pequeñas aplicaciones bastará un atomizador plástico de aproximadamente 750cc o 25oz.

Con estas herramientas de mano podrás realizar la mayoría de los trabajos en una pequeña escala de producción. Sin embargo, en el caso de que planees emprender una huerta formal en tu jardín, a este kit básico le deberías añadir herramientas para un trabajo más pesado. Estas son las que necesitarás:

Pala

Si vas a empezar un gran proyecto, la pala será tu principal aliada en la huerta. La pala de punta angosta y con el borde curvo te ayudará a realizar hoyos o a plantar mientras que una pala ancha y de filo recto te servirá para recoger o mover grandes cantidades de tierra. Al adquirir una pala nueva conviene elegir aquellas que tengan una hoja de acero forjado al carbono debido a su mejor dureza y flexibilidad con respecto a otros aceros.

Rastrillo

Te permitirá romper más fácilmente los grandes terrones de tierra y te ayudarán a nivelar el terreno. Además podrás separar las hojas secas y los restos vegetales para mantener la huerta más ordenada y limpia. La hoja ideal es de acero forjado al carbono.

Azada

La azada nos permitirá remover la tierra con mayor facilidad en especial si se encuentra muy compactada y dura como para poder usar la pala. También servirá para remover las malezas que crecen en nuestra huerta. Al igual que con la pala y el rastrillo, la hoja ideal es de acero forjado al carbono debido a su mayor dureza y flexibilidad. Además, con el mantenimiento adecuado, su filo durará mucho más tiempo que con otros aceros.

Carretilla

En una huerta grande el movimiento de tierra, abonos o incluso de plantas será mayor por lo que contar con una carretilla será de gran ventaja para economizar tiempo y energías dedicadas al transporte. Aunque hay muchos modelos y tamaños, una carretilla con caja metálica durará más que una de plástico. Para una mayor comodidad durante el traslado conviene una carretilla con ruedas neumáticas que absorberá mejor las irregularidades del terreno. Además una capacidad máxima de hasta 60l o 15gal aproximadamente será suficiente para una huerta de escala media.

Manguera

Cuando tengamos una superficie bastante amplia para cultivar tendremos que prescindir de la regadera en favor de otros sistemas de riego con el fin de economizar tiempo y energías. En este caso una manguera conectada a una fuente de agua es la solución más práctica y económica para irrigar nuestra huerta.

Fumigador / Pulverizador

Al igual que el atomizador nos permitirá aplicar distintos repelentes, insecticidas o fungicidas pero en una escala mucho mayor. Un fumigador o pulverizador de aproximadamente 8l o 2gal nos permitirá realizar la mayoría de aplicaciones. Además, para una mayor comodidad, podremos optar por un modelo que nos permita cargarlo como una mochila.

Estacas e hilo

Serán necesarias a la hora de delimitar los sectores de nuestra huerta para lograr mantener un espacio de trabajo prolijo y ordenado.

Cómo cuidar de nuestras herramientas

Debemos tener en cuenta que adquirir estas herramientas es una gran inversión por lo que tendremos que mantenerlas en buen estado para aumentar su vida útil. Afortunadamente, no es una tarea difícil.

Basta con limpiar las herramientas después de usarlas, tal vez utilizando agua y jabón, especialmente si se utilizaron para manipular productos químicos ya que corroen fácilmente las partes metálicas. Además, debemos asegurarnos de que queden bien secas antes de guardarlas para evitar que las partes metálicas se oxiden y las de madera se pudran. En el caso de herramientas plásticas, como la manguera o los pulverizadores, para que no se deterioren tan rápido tendremos que mantenerlas protegidas del sol y del frío.

En definitiva, la clave para realizar una buena inversión no está solo en adquirir herramientas de buena calidad sino también en realizar el mantenimiento apropiado. De esta manera tendremos las herramientas en perfectas condiciones para cuando las necesitemos usar y nos aseguraremos de que nos duren mucho más tiempo.

ESCOGIENDO EL LUGAR APROPIADO

A la hora de elegir el sitio adecuado para cultivar nuestros vegetales debemos tener presente que no existe una limitación de espacio para emplazar nuestra huerta. Ya sea que dispongamos de un enorme jardín, una terraza, un pequeño balcón o incluso un par de cajones junto a una ventana, cualquier sitio puede servir para iniciar un cultivo. Sin embargo sí tendremos que considerar tres factores clave: luz, suelo y agua.

Luz

La luz es un factor determinante que nos permitirá tener éxito al cultivar nuestras hortalizas ya que es la fuente que les aporta la energía necesaria para que puedan crecer. Si nuestra huerta no recibe la cantidad necesaria de luz solar directa lamentablemente nuestras hortalizas crecerán a un ritmo lento, serán propensas al ataque de plagas y enfermedades y obtendremos poco o ningún rendimiento al tiempo de la cosecha.

Dependiendo de la especie que estemos cultivando vamos a necesitar más o menos exposición directa a la luz solar. Por ejemplo una verdura de hoja necesita un mínimo de 3 horas diarias de luz directa mientras que una verdura de raíz o de fruto necesita un mínimo de 5 horas diarias de luz directa. Sin embargo esto no es lo ideal. Si queremos tener buenos resultados, nuestra huerta no debería recibir menos de 6 horas diarias de luz solar directa.

Pero no todos tendremos la suerte de tener el sitio ideal con la mejor exposición al sol por lo que tendremos que recurrir a distintas técnicas para compensar la falta de luz natural. Por ejemplo, podemos valernos de alguna superficie vertical como un muro o una cerca que pueda servirnos como una pantalla reflectiva de la luz solar. Actualmente en el mercado se encuentran disponibles pinturas especiales que reflejan casi el 100% de la luz solar permitiéndonos transformar cualquier superficie estratégica en un reflector que aporte más luz natural a un área sombreada de nuestro jardín. Otra opción que puede permitirnos incrementar la cantidad de luz en un sector oscuro es la incorporación de reflectores de bajo consumo, sin embargo esta no debería ser la principal fuente de luz ya que no llega a completar el espectro lumínico emitido por el sol.

Suelo

La horticultura será mucho más fácil si disponemos de un suelo naturalmente rico. Sin embargo, en las zonas urbanas seguramente nos encontremos con un suelo poco fértil, degradado y poco apto para cultivar. Por lo que tendremos que mejorar la calidad de nuestro sustrato antes de plantar. El siguiente capítulo profundizará en esta cuestión.

Agua

El agua es el tercer factor esencial para el desarrollo de nuestras hortalizas. Necesitaremos tener a nuestra disposición una fuente suficiente y segura de agua con la cual irrigar nuestros cultivos. Estas dos condiciones serán prioritarias cuando tengamos que regar si queremos tener éxito a la hora de la cosecha.

En primer lugar deberemos tener la cantidad suficiente de agua. Esto va a depender directamente del tamaño de nuestra huerta y de la distancia hacia la fuente más cercana de agua. Lo ideal será tener una fuente de agua localizada en el lugar de nuestra explotación, pero esto quizá no siempre será posible.

En segundo lugar, debemos tener una fuente de agua segura con la que regar nuestro cultivo. Es importante destacar esto ya que si utilizamos agua proveniente de alguna fuente contaminada como por ejemplo napas superficiales, arroyos con efluentes industriales o aguas servidas, estaremos contaminando nuestra huerta con bacterias peligrosas, metales pesados y otros residuos tóxicos que perjudicarán nuestra salud.

En el caso que no tengamos una fuente cercana de agua segura o si ésta es demasiado costosa en la zona en que vivimos tendremos que pensar en alternativas que nos permita desarrollar nuestra huerta. Una posibilidad es almacenar el agua de lluvia para luego utilizarla en el riego.

MEJORANDO UN SUELO POBRE

Como vimos, el suelo que utilicemos es uno de los factores clave que nos permitirán obtener los mejores resultados en nuestra huerta. Por eso antes de plantar deberemos tener en cuenta cuál es el perfil que tiene que tener un sustrato apto para cultivar. El suelo ideal tiene las siguientes características:

Un pH ligeramente neutro, entre 6-8, que permitirá a las hortalizas asimilar los nutrientes presentes en el sustrato.

Un alto contenido de materia orgánica que favorecerá el aporte de nutrientes a corto y mediano plazo de manera natural y equilibrada evitando el uso de fertilizantes.

Una elevada porosidad que permitirá la oxigenación y el desarrollo de las raíces.

Una buena retención de humedad que permita mantener hidratadas las raíces a la espera del próximo riego.

Sin embargo, en un entorno urbano, difícilmente encontremos un sustrato idóneo para cultivar nuestras hortalizas. También puede suceder que vivamos en una zona donde el terreno sea naturalmente improductivo. A pesar de esto, si se prepara adecuadamente, cualquier tipo de sustrato puede convertirse en un suelo fértil.

Cómo mejorar un suelo arenoso

Este tipo de suelo es muy pobre en nutrientes como nitrógeno, fósforo y potasio, que son elementales para el desarrollo de las hortalizas. Esto sumado a una muy baja capacidad para retener la humedad provocará un pobre rendimiento de nuestra huerta, deficiencia de nutrientes en nuestras hortalizas y un gran desperdicio de agua de riego.

Los suelos arenosos se pueden corregir mediante la incorporación de materia orgánica en la forma de estiércol que a corto plazo ayudará aumentando la capacidad de retener la humedad. A mediano plazo permitirá un mejor desarrollo del sistema radicular al ofrecer un buen anclaje a las raíces y, a largo plazo, compensará la falta de nutrientes en el sustrato logrando un crecimiento saludable de las hortalizas.

Cómo mejorar un suelo arcilloso

Los suelos arcillosos son de textura pesada, glutinosos en presencia de humedad y muy compactos en ausencia de ella. Debido a estas características, este tipo de sustrato es muy difícil de trabajar.

La textura de los suelos arcillosos se puede corregir incorporando arena de río y materia orgánica. La arena de río contribuirá a mejorar la permebilidad del suelo previniendo encharcamientos y logrando una buena aireación del sistema radicular de los vegetales. La incorporación de materia orgánica en la forma de compost contribuirá a mejorar el perfil de suelo logrando un sustrato más esponjoso y aireado.

Cómo neutralizar un suelo excesivamente ácido

Para la mayoría de las hortalizas, el perfil de suelo ideal es ligeramente ácido, con un valor de pH entre 6-7. Un suelo ácido, con valores de pH por debajo de 6, impedirá que nuestros vegetales se desarrollen con normalidad y en el caso de las plantas más sensibles lo más probable es que se terminen secando. Para evitar esta situación, conviene realizar un análisis del pH del suelo cada tres años. No hace falta recurrir a un laboratorio especializado ya que en el mercado hay disponibles kit caseros para medir el pH del suelo.

La mejor forma de neutralizar un suelo ácido es incorporando cal viva o caliza al sustrato. Estos dos materiales se comercializan en la mayoría de los centros de jardinería. Dependiendo del tipo de suelo y de los resultados que obtengamos variará la dosis de cal a incorporar. En todo caso deberemos seguir las instrucciones del producto para obtener el resultado deseado.

Algo a tener en cuenta es que no conviene realizar un cambio radical en el pH del suelo sino que esto deberá ser gradual y de manera escalonada. Lo recomendable es elevar el Ph en un valor de 0.5 por vez. En total el proceso de neutralización podrá tardar hasta tres meses por lo que lo recomendable es iniciar el proceso al finalizar el otoño de modo que al terminar la estación fría tendremos el terreno listo para iniciar la siembra.

Cómo neutralizar un suelo alcalino

Los suelos excesivamente alcalinos tienen grandes cantidades de carbonato de calcio lo que impide que los vegetales aprovechen correctamente los nutrientes disponibles en el suelo. Como consecuencia, las plantas presentarán carencia de hierro, principalmente, que se manifestará mediante una coloración verde claro o amarillo en las nervaduras que se extenderá hasta que la hoja se marchite. En este caso será inútil abonar o fertilizar porque el calcio presente en el suelo bloqueará o impedirá que los minerales sean absorbidos normalmente.

De la misma forma que con los suelos ácidos, en este caso convendrá realizar un análisis de pH para conocer las deficiencias y luego poder definir los pasos a seguir. Por lo general, para neutralizar un suelo alcalino se puede incorporar materia orgánica como el compost. Dependiendo del grado de alcalinidad que arroje el análisis también se puede incorporar azufre, el cual baja el pH del suelo.

PREPARANDO EL SUELO PARA CULTIVAR

Una vez que nos hemos asegurado de contar con un suelo apto para cultivar debemos comenzar a preparar el terreno para plantar nuestras hortalizas. Esta parte requerirá de tiempo y esfuerzo, pero si somos pacientes pronto estaremos cosechando los resultados de nuestra labor.

Eliminar las malas hierbas

Además de ser un foco de enfermedades y plagas, las malezas compiten con los vegetales por los recursos del huerto. Por lo tanto, antes de comenzar a preparar el suelo, lo primero que se debe hacer es eliminar las malas hierbas. Para ello deberemos prescindir de cualquier tipo de herbicida, ya que los residuos químicos que genera podrían impedir que nuestro cultivo prospere.

Intentar quitar las malas hierbas una a una es una tarea larga y tediosa y probablemente nos rendiremos a mitad de camino. Por eso es mejor unificar esta tarea con el labrado del terreno. En la primera etapa de labranza, aflojamos el suelo y es en ese momento cuando mejor salen las malas hierbas. Debemos recordar sacarlas de raíz o bulbo para evitar que vuelvan a crecer. De todas maneras es muy probable que algunas vuelvan a aparecer al poco tiempo, sin embargo, será más fácil quitarlos mientras aún sean pequeñas.

Labrar y nivelar el terreno

Al momento de comenzar la huerta esta es la tarea que quizá exija más esfuerzo físico de nuestra parte. Nos ayudará contar con las herramientas apropiadas, pala, azada y rastrillo, en condiciones y bien afiladas. Una sugerencia que nos ayudará a no estar agotados físicamente es dividir el jardín en zonas y distribuir el trabajo durante la semana.

El primer paso es aflojar la tierra. Para eso tendremos que cavar la pala de punta hasta 25 cm de profundidad pero sin dar vuelta la tierra, recordemos que la idea es solamente aflojar la tierra. Esta operación la repetimos a cada 15 cm de distancia hasta que hayamos abarcado todo el sector previamente delimitado. Es después de esta tarea que nos conviene retirar la maleza como vimos anteriormente.

Luego con la ayuda de la pala o la azada romperemos los terrones de tierra que hemos aflojado hasta triturarlos. Tendremos que realizar esta tarea con paciencia para que no nos queden grandes terrones que puedan dificultarnos la posterior nivelación del terreno.

Finalmente tendremos que nivelar el terreno con ayuda de un rastrillo. El rastrillo también nos permitirá filtrar pequeñas rocas escondidas en el suelo, romper cualquier terrón de tierra que nos haya quedado y terminar de quitar las malas hierbas que hayamos pasado por alto.

Abonar o fertilizar el suelo

El sustrato de nuestra huerta debe ser rico en materia orgánica y nutrientes. La materia orgánica ayudará a retener la humedad, proporcionará un mejor anclaje a las raíces y, a largo plazo, será una fuente adicional de nutrientes. Sin embargo, también a corto plazo necesitaremos aportar nutrientes para que las plantas comiencen bien su desarrollo.

En primer lugar, debemos agregar materia orgánica al suelo en la forma de compost. La recomendación es de 10 litros por metro cuadrado, que se debe esparcir con ayuda del rastrillo para incorporar de manera uniforme al sustrato. En segundo lugar, podemos agregar algún fertilizante granulado de liberación lenta, del tipo NPK (Nitrógeno, Fósforo, Potasio), para que los vegetales dispongan en el corto plazo de una fuente adicional de nutrientes. En este caso deberemos seguir las instrucciones del fabricante.

Planificar las hileras de cultivo

Las hortalizas crecen mejor si se plantan en hileras respetando las distancias recomendadas entre ellas. Pero además, plantar las verduras en hileras pondrá un poco de orden en tu huerta y la dejará más bonita.

La distancia entre filas depende de los vegetales que desee cultivar. Pero generalmente los vegetales altos como el repollo, la coliflor o el tomate, requieren una distancia entre hileras de aproximadamente 60 a 75 cm. Mientras que las verduras más bajas como la acelga, la lechuga o el pimiento necesitarán menos distancia entre hileras, de 25 a 40 cm. Si aún no has decidido qué vas a cultivar, puedes dividir tu jardín por la mitad y planificar hileras de ambos tipos.

La línea de plantación debe elevarse unos 20 cm desde el nivel del suelo. Este detalle es importante ya que evitaremos que el agua de riego o de lluvia se estanque en la base del cultivo. Podemos lograr esto empujando la tierra desde los bordes de la hilera hacia la línea de siembra creando un montículo en el centro.

Proteger el suelo

Al finalizar las tareas de labrado del terreno tendremos que proteger el suelo aplicando una capa de mantillo en la superficie. Haciendo esto evitaremos que el sustrato pierda humedad, reduciremos el uso de agua de riego y también evitaremos que las malas hierbas se desarrollen nuevamente.

POR DÓNDE EMPEZAR: SEMILLA O PLÁNTULA

Es el momento de plantar. Seguro que tenemos una tienda de jardinería cerca de casa donde podemos comprar o bien semillas o bien plantines listos para trasplantar. Ahora bien, ¿qué implican estas dos opciones? ¿Qué deberíamos elegir? Veremos a continuación cuál es la diferencia entre sembrar y plantar y cuál es la conveniencia de elegir una u otra opción.

Comenzar desde semillas

Podemos iniciar cualquier cultivo mediante semilla. Pero existen ciertos vegetales que sólo pueden ser cultivados mediante siembra directa ya que no sobreviven al estrés que genera el trasplante. Por lo general, le sucede esto a hortalizas de semilla grande como las Cucurbitáceas (zapallo, sandía, melón) o las Leguminosas (poroto, habas, arvejas) aunque también le sucede a algunas hortalizas de semilla pequeña como la remolacha y el rabanito. Si elegimos algunos de estos vegetales no nos quedará otra que conseguir las semillas y sembrar.

Pros. Iniciar nuestros cultivos desde semillas tiene muchas ventajas. En primer lugar, comprar semillas es mucho más económico que comprar los plantines. Y si lo que estamos buscando es ahorrar dinero, este es un argumento sólido en favor de las semillas. En segundo lugar, podemos conseguir semillas de casi todas las hortalizas que deseemos, añadiendo variedad a nuestra huerta. En tercer lugar, las semillas suelen ser tratadas con fungicidas y/o bactericidas por lo que estaremos garantizando la asepsia del medio ambiente de cultivo.

Contras. Plantar de semilla conlleva cierto riesgo ya que la primera etapa de crecimiento desde la germinación hasta la plántula es la más sensible. Existen distintos factores que pueden malograr nuestro cultivo como condiciones climáticas desfavorables (exceso de lluvias, vientos fuertes, bajas o altas temperaturas), plagas, enfermedades o malas hierbas. Por otra parte, hay algunas hortalizas que tienen una tasa de germinación muy baja, por lo que no tendremos asegurado el brote de esas semillas.

Comenzar desde plántulas

Las plántulas son hortalizas en un estadio primario de desarrollo. Las plántulas que podemos adquirir en una casa de jardinería certificada por lo general son cultivadas bajo el cuidado de especialistas que controlan su correcto desarrollo y nutrición.

Pros. En primer lugar, al adquirir la plántula al inicio de la temporada acortaremos el período de desarrollo y madurez de la hortaliza, por lo que podemos obtener una cosecha más temprana que si partiéramos de semilla. En segundo lugar, las plántulas ya desarrolladas son más resistentes a plagas y enfermedades, por lo que tendrán una mayor posibilidad de supervivencia que los pequeños brotes obtenidos a través de semilla. Y en el caso de las hortalizas con baja tasa de germinación, al adquirir la plántula lista para trasplantar, eliminamos la incertidumbre que genera la expectativa del probable éxito.

Contras. En primer lugar, las plántulas son mucho más costosas que las semillas. En segundo lugar, las variedades que podemos comprar están restringidas a las que nuestro proveedor tenga en existencia. Pero quizá la mayor desventaja de incorporar plántulas adquiridas fuera es el riesgo de introducir malas hierbas, plagas y/o enfermedades al ambiente de cultivo. Para evitar este inconveniente será necesario acudir a un proveedor certificado en el caso que optemos por adquirir plantas.

Adoptar lo mejor de ambas soluciones

Como vimos ambas opciones tienen ventajas y desventajas por lo que quizá la mejor opción sea analizar qué es lo mejor en nuestro caso. Si tenemos suficiente tiempo quizá decidamos iniciar todos nuestros cultivos mediante semilla. Pero si no es así, quizá nos convenga sembrar sólo aquellas hortalizas que no prosperan de otra forma y adquirir los plantines de las demás verduras que deseemos. En todo caso siempre conviene adquirir tanto semillas y plantines como sustratos y abonos con proveedores certificados para reducir el riesgo de introducir malas hierbas, plagas y/o enfermedades a nuestra huerta.

QUÉ PODEMOS CULTIVAR

Aunque lo ideal sería poder cultivar una gran variedad de especies, lo cierto es que no siempre vamos a disponer del espacio suficiente para plantar todo lo que queramos o del tiempo necesario para dedicarle a un gran proyecto. Por eso será necesario seguir ciertas pautas que nos permitirán seleccionar qué hortalizas vamos a cultivar, al menos en esta primera etapa. Estos son algunos de los factores que podríamos tener en cuenta:

La temporada de cultivo en que nos encontremos es el primer filtro que podemos aplicar, especialmente si vamos a cultivar en un ambiente exterior, lo que contribuirá a que tengamos éxito.

Dentro de las verduras de temporada podríamos **elegir aquellas que más nos apetezcan**, de esa manera podremos disfrutar más de los primeros frutos de nuestra huerta.

También podríamos **seleccionar las verduras más costosas del mercado,** para así potenciar el efecto de ahorro que logramos al cultivar nuestra propia huerta.

Si estamos iniciando en la práctica del cultivo quizá lo más conveniente sea **elegir aquellas hortalizas que requieran de menos cuidados** y dejar las que exijan más atención para cuando tengamos más experiencia.

En el caso de que estemos atravesando algún problema de salud que requiere seguir una dieta, podemos aprovechar la oportunidad para **cultivar las verduras que más necesitamos.**

Además de estos factores podemos tener en cuenta otros que se ajusten más a nuestras necesidades. Lo importante es definir las verduras a cultivar y empezar a sembrar cuanto antes para poder disfrutar del fruto de nuestro trabajo.

Qué hortalizas podemos cultivar

Si bien hay una gran variedad de verduras que podemos cultivar, lo mejor será al principio decidirnos por las más fáciles de sembrar y cuidar. Esto nos permitirá adquirir experiencia a medida que pasa el tiempo, para luego emplearla en otras especies que requieran de mayores cuidados. Esta es una selección de las hortalizas más sencillas que nos permitirán obtener buenos resultados al comenzar nuestra huerta:

Rabanito *(Raphanus sativus)*

Cuándo sembrar: todo el año, excepto durante el invierno en regiones con clima extremadamente frío y propenso a heladas y/o nevadas

Método de siembra: directa en terreno

Distancia entre hileras: 5 cm

Distancia entre plantas: 5 cm

Cuándo cosechar: A los 30 días desde la siembra para las variedades de primavera - verano, a los 60 días para las de otoño - invierno

◇　◇　◇

Remolacha *(Beta vulgaris)*

Cuándo sembrar: a fines de la primavera

Método de siembra: directa en terreno

Distancia entre hileras: 30 cm

Distancia entre plantas: 10 cm para variedades de remolacha pequeñas, 20 cm para variedades grandes

Cuándo cosechar: hasta 90 días desde la siembra para las variedades pequeñas, hasta 120 días para las grandes

Zanahoria *(Daucus carota)*

Cuándo sembrar: desde el otoño hasta principios de la primavera, se debe sembrar cuando el clima sea fresco (pero no demasiado frío) para que se desarrolle adecuadamente

Método de siembra: directa en terreno

Distancia entre hileras: 30 cm

Distancia entre plantas: 10 cm

Cuándo cosechar: de 60 a 120 días desde la siembra, dependiendo del tamaño que deseemos cosechar

◇   ◇   ◇

Cebolla *(Allium cepa)*

Cuándo sembrar: desde de invierno hasta el verano, dependiendo de la variedad de cebolla

Método de siembra: directa en terreno, en regiones con inviernos muy intensos se debe sembrar en almácigo o semillero protegido y trasplantar en primavera

Distancia entre hileras: 40 cm

Distancia entre plantas: 15 cm

Cuándo cosechar: de 90 a 120 días desde la siembra, dependiendo de la variedad de cebolla

Puerro *(Allium porrum)*

Cuándo sembrar: al inicio de la primavera

Método de siembra: en almácigo; después de 45 días se deberá sacar fuera el semillero para permitir que los plantines se adapten al clima exterior; después de 60 días desde la siembra, los puerros deben trasplantarse al terreno

Distancia entre hileras: 40 cm

Distancia entre plantas: 15 cm

Cuándo cosechar: de 30 a 60 días desde el trasplante

◇   ◇   ◇

Acelga *(Beta vulgaris var. cicla)*

Cuándo sembrar: primavera u otoño, según la variedad de acelga; programando una siembra cada dos semanas se puede obtener una cosecha continua durante todo el invierno y el verano

Método de siembra: directa en terreno

Distancia entre hileras: 25 cm

Distancia entre plantas: 8 cm

Cuándo cosechar: a los 60 días desde la siembra

Lechuga *(Lactuca sativa)*

Cuándo sembrar: todo el año, excepto durante el invierno en regiones con clima extremadamente frío y propenso a heladas y/o nevadas

Método de siembra: directa en terreno

Distancia entre hileras: 30 cm

Distancia entre plantas: 25 cm

Cuándo cosechar: a los 60 días desde la siembra, en cambio si se desea consumir las hojas tiernas se puede cosechar a partir de los 30 días

◇　◇　◇

Repollo *(Brassica oleracea var. capitata)*

Cuándo sembrar: todo el año

Método de siembra: en almácigo, protegido de las bajas temperaturas durante el invierno; a los 45 días se trasplanta a terreno

Distancia entre hileras: 60 cm

Distancia entre plantas: 30 cm

Cuándo cosechar: de 45 a 75 días desde el trasplante

Brócoli *(Brassica oleracea var. italica)*

Cuándo sembrar: mediados de verano o mediados de invierno, dependiendo de la variedad de brócoli

Método de siembra: en almácigo, protegido de las bajas temperaturas; a los 45 días se trasplanta a terreno

Distancia entre hileras: 75 cm

Distancia entre plantas: 45 cm

Cuándo cosechar: de 15 a 45 días desde el trasplante, dependiendo de la variedad que cultivemos

◇　◇　◇

Coliflor *(Brassica oleracea var. botrytis)*

Cuándo sembrar: fines de primavera, fines de otoño

Método de siembra: en almácigo, protegido de las bajas temperaturas durante el invierno; a los 60 días se trasplanta a terreno

Distancia entre hileras: 80 cm

Distancia entre plantas: 50 cm

Cuándo cosechar: de 60 a 120 días desde el trasplante, dependiendo de la variedad que cultivemos

Berenjena *(Solanum melongena)*

Cuándo sembrar: fines de invierno

Método de siembra: en almácigo, protegido de las bajas temperaturas; después de 45 a 60 días se trasplanta a terreno

Distancia entre hileras: 80 cm

Distancia entre plantas: 60 cm

Cuándo cosechar: de 60 a 90 días desde el trasplante

◇   ◇   ◇

Calabaza *(Cucurbita maxima)*

Cuándo sembrar: a mediados de primavera, asegurándonos que la última helada haya pasado

Método de siembra: directa en terreno, las calabazas necesitan de amplio espacio para crecer

Distancia entre hileras: 140 cm

Distancia entre plantas: 140 cm

Cuándo cosechar: deje que crezcan solamente de 2 a 3 frutos en cada planta, se podrán cosechar de 110 a 130 días después de la siembra

Tomate *(Solanum lycopersicum)*

Cuándo sembrar: a comienzos de primavera

Método de siembra: en almácigo, protegido de las bajas temperaturas; a los 60 días se trasplanta a terreno

Distancia entre hileras: 60 cm

Distancia entre plantas: 40 cm

Cuándo cosechar: de 60 a 90 días desde el trasplante, dependiendo de la variedad de tomate

◇ ◇ ◇

Pepino *(Cucumis sativus)*

Cuándo sembrar: mediados de primavera o finales de verano, dependiendo de la variedad de pepino

Método de siembra: directa en terreno, en regiones con una primavera demasiado fresca, la plántula debe protegerse de heladas inesperadas

Distancia entre hileras: 150cm

Distancia entre plantas: 120cm

Cuándo cosechar: de 30 a 45 días para el preparado de encurtidos; de 60 a 75 días para el consumo fresco

Pimiento *(Capsicum annuum)*

Cuándo sembrar: fin de invierno

Método de siembra: en almácigo, protegido de las bajas temperaturas; a los 60 días se trasplanta a terreno

Distancia entre hileras: 40cm

Distancia entre plantas: 20 cm

Cuándo cosechar: de 60 a 90 días desde el trasplante

CUIDANDO LAS PLANTAS DURANTE EL CRECIMIENTO

Mantener una huerta implica mucho más que preparar el terreno, plantar y esperar al momento de la cosecha. Si bien la preparación es muy importante, hay algunos puntos clave a tener en cuenta durante el crecimiento de las hortalizas, como por ejemplo el riego, el control de plagas y de malezas, la fertilización o la aireación del suelo. Por eso vamos a considerar estos aspectos esenciales para lograr el éxito al desarrollar nuestra propia huerta.

Riego

Las plantas necesitan agua para vivir. El agua no solo permite que las plantas cumplan con sus funciones fisiológicas, sino que también es el punto de entrada para la gran mayoría de nutrientes que necesitan las plantas. Por lo que el riego se convertirá en una tarea fundamental a desarrollar en la huerta.

Afortunadamente no será difícil satisfacer las necesidades diarias de agua. Para la mayoría de las hortalizas bastará con una toma de agua por día, la cual preferentemente debe ser por la mañana. Se deberá tener cuidado de no mojar las hojas, especialmente en verano, y de no saturar demasiado el suelo ya que el exceso de agua puede ser perjudicial para los cultivos.

En zonas con altas temperaturas o muy baja humedad se puede evitar la pérdida de agua por evaporación mediante la aplicación de un mantillo en la superficie del terreno. Hay muchos materiales que se pueden aplicar como por ejemplo compost, estiércol, hojas, paja o virutas de madera. Esta técnica también nos permitirá ahorrar en el consumo de agua, evitará el lavado de nutrientes que se produce con cada riego y estabilizará la temperatura del suelo, fortaleciendo el desarrollo de las raíces.

Fertilización

Las plantas también necesitan nutrientes para prosperar. La falta de algunos nutrientes clave (oligoelementos) para el desarrollo afectará negativamente al crecimiento de nuestros vegetales. No solo evitará que alcancen un desarrollo óptimo, sino que también pueden detener el crecimiento de flores y frutos.

La forma más sencilla de aumentar la fertilidad del suelo es incorporando una gran cantidad de materia orgánica una vez al año. Esto se suele hacer durante el otoño, aunque también se puede realizar en primavera. El principal agregado utilizado es el compost orgánico elaborado a partir de restos vegetales. Sin embargo, por sí solo no será suficiente por lo que tendremos que complementarlo con otros fertilizantes naturales como estiércol o humus de lombriz.

Aireación del suelo

El riego frecuente, una lluvia intensa, el tráfico peatonal o incluso un crecimiento denso de raíces pueden hacer que el suelo se compacte. Como consecuencia el sustrato pierde la capacidad de intercambiar gases con la atmósfera y de retener oxígeno. Esto dificultará la correcta absorción de agua y nutrientes por parte de las plantas y afectará el desarrollo de microbios y organismos benéficos del suelo.

Para evitar estos problemas, es recomendable airear el suelo dos veces al año, preferiblemente a principios de otoño y primavera, permitiendo que el sistema radicular se fortalezca para cuando lleguen las temperaturas extremas. Para airear el suelo se utiliza una horquilla de jardín para hacer agujeros superficiales en el suelo, de 10 a 15 cm de profundidad.

Aplicando esta técnica se crean conductos que permiten la entrada de aire, agua y nutrientes, evitando que el suelo se compacte. Este proceso también ayuda a reducir el exceso de hierba y musgo que crecen en la superficie del suelo y a prevenir el desarrollo de hongos. También se fortalecerá el sistema radicular y lo hará más resistente frente a las enfermedades.

Control de plagas

A la hora de controlar plagas en la huerta, antes de llegar a un punto en el que tengamos que recurrir a algún producto químico, lo mejor será prevenir los ataques. Podemos hacer esto de muchas formas, por ejemplo, usando plantas que repelen naturalmente insectos o animales dañinos, usando barreras físicas que les impidan acercarse al cultivo o reduciendo las malezas.

Algunas de las plantas que podemos incluir dentro de nuestra huerta son:

Menta *(Mentha spicata)*

Por su intenso aroma, es un gran repelente de ratones, moscas y hormigas, por lo que conviene distribuirla por toda la huerta. Además, asociada a Crucíferas (o *Brasicáceas*) como la coliflor o el brócoli, las protege del ataque de los pulgones.

◇ ◇ ◇

Salvia *(Salvia officinalis)*

Es un buen repelente que ahuyenta a la mosca blanca y a las babosas y específicamente a las moscas minadoras que atacan repollos y zanahorias. Sin embargo, debe cultivarse lejos de pepinos y frijoles.

◇ ◇ ◇

Ruda *(Ruta graveolens)*

Debido a su fuerte y singular olor, es uno de los más eficientes repelentes naturales que actúa confundiendo a las plagas y les impiden atacar la huerta. Controla pulgones, ácaros y babosas además de ahuyentar a los gatos. Debe cultivarse lejos de la albahaca.

Margarita *(Bellis perennis)*

Debido a sus vistosas y perfumadas flores atrae a insectos predadores como la mariquita, que se alimentan de pulgones, ácaros y mosca blanca. Pero también atrae insectos polinizadores como abejas, abejorros y mariposas, por lo que conviene distribuirlos por todo el jardín.

◇　◇　◇

Caléndula *(Calendula officinalis)*

Es un repelente contra moscas blancas y nematodos. Sin embargo, debe usarse con precaución ya que atrae también ácaros y caracoles, por lo que es recomendable combinarlo con eneldo y ajo para reducir este riesgo.

◇　◇　◇

Lavanda *(Lavandula spp)*

Por su intenso aroma, es un gran repelente contra moscas, polillas y pulgones. Como las margaritas, la lavanda también atrae a insectos polinizadores como abejas, abejorros y mariposas, por lo que conviene asociarlo a cultivos de fruto como pepinos y frijoles.

También podemos utilizar barreras físicas para evitar que los animales y los insectos se acerquen a nuestros cultivos. Por un lado, podemos demarcar nuestro jardín poniendo una valla perimetral para evitar que entren algunas mascotas. Sin embargo, para poder tener animales más pequeños como gatos o conejos, es recomendable reforzar esta valla con alambre de gallinero, que tiene una sección mucho más pequeña. También podemos proteger nuestras plantas de ciertos tipos de insectos que vuelan a baja altura del suelo rodeándolas con una pequeña valla de polietileno de 50 cm de altura.

Control de malezas

Las malas hierbas compiten por el uso de los recursos como el agua, el sol o los nutrientes, debilitando a las hortalizas que cultivamos. Pero además, las malezas albergan una gran cantidad de plagas y enfermedades, que luego se transmiten a los cultivos. Por lo que controlar, reducir y eliminar malezas será una tarea esencial a desarrollar en nuestra huerta.

Todas las semanas conviene tomarse un tiempo para eliminar las malas hierbas, recordando que para que no vuelvan a crecer debemos arrancarlas de raíz. Para obtener mejores resultados conviene hacerlo en el momento en que el suelo se encuentre húmedo, ligero y suelto, tal vez por la mañana temprano o al caer el día. Además debemos protegernos las manos con un buen par de guantes no solo para no ensuciarnos las manos sino también para prevenir cortes o pinchaduras con hierbas urticantes o venenosas y picaduras de insectos.

También necesitamos identificar las hierbas beneficiosas para no extraerlas junto con las malezas. Por ejemplo, los verdaderos tréboles, al igual que todas las Leguminosas (o *Fabáceas*), son plantas fijadoras de nitrógeno, un macronutriente importante que contribuye al crecimiento de los vegetales. En este caso, sería mejor dejar que el trébol crezca libremente en su jardín.

CUÁNDO COSECHAR LAS VERDURAS

Si tenemos al día nuestro calendario de siembra podremos calcular aproximadamente la fecha de cada cosecha. De todas maneras para una mejor precisión nos conviene conocer algunas pautas que nos permitirán juzgar si las verduras están listas para la cosecha.

Aquí se repite la breve lista de verduras que se recomiendan en el Capítulo 8 donde se describe la forma de identificar el momento correcto para cosecharlas:

Rabanito

Cuando la raíz alcance los 2 a 3cm de diámetro. En todo caso no conviene que pasen los dos meses desde la siembra ya que se volverán más fibrosos y picantes.

Remolacha

Se cosecha cuando la raíz alcanza entre 5 a 7 cm de diámetro. Sin embargo, mientras todavía se está desarrollando la raíz hasta el momento de la cosecha, pueden recolectarse las hojas más grandes para su consumo.

◇　◇　◇

Zanahoria

Generalmente, cuando la parte visible de la raíz tiene entre 2 y 3 cm de diámetro, es el momento adecuado para cosechar. Sin embargo, siempre es buena idea tomar uno como muestra para verificarlo.

◇　◇　◇

Cebolla

Cuando las hojas comienzan a secarse desde las puntas, es la señal de que se acerca la época de cosecha. Deberemos esperar a que todos los tallos se hayan doblado y la mitad de las hojas se hayan secado. Es mejor cosechar los bulbos con un clima seco y soleado, para que se conserven más tiempo.

◇　◇　◇

Puerro

Cuando el bulbo tenga entre 2 a 3 cm de diámetro. Se consume tanto el bulbo como las hojas.

Acelga

Las hojas exteriores se recolectan cuando están bien desarrolladas, generalmente con 20 a 30 cm de largo y de color verde intenso. Aunque las hojas tiernas pueden recolectarse para su uso en ensaladas, es aconsejable dejarlas madurar para continuar la cosecha durante toda la temporada.

Lechuga

Dependiendo de la variedad que cultivemos, se puede cosechar cuando la cabeza se sienta firme y mida entre 12 a 18 cm de diámetro. También pueden recolectarse las hojas exteriores, más grandes y verdes, dejando que las hojas más jóvenes continúen desarrollándose en la planta.

Repollo

Cuando al apretar suavemente la cabeza se sienta firme es hora de cosechar el repollo. Dependiendo de la variedad, será mayor o menor el diámetro de la cabeza de repollo.

Brócoli

Debido a que se consume la inflorescencia de la planta, hay que verificar que las flores no lleguen a abrirse. Un indica-

dor del momento de la cosecha es cuando la cabeza del brócoli alcance entre 10 a 15 cm de diámetro, tenga una textura suave y los botones florales tengan el tamaño de la cabeza de un fósforo.

◇   ◇   ◇

Coliflor

Al igual que el brócoli, se consume la inflorescencia. Se cosecha cuando la cabeza del coliflor alcance entre 10 a 15 cm
de diámetro y esté firme y compacta.

◇   ◇   ◇

Berenjena

Estará lista para cosechar cuando el fruto se perciba firme y
la cáscara de un color violeta oscuro y brillante. Por lo general tendrá entre 10 a 15cm de largo.

◇   ◇   ◇

Calabaza

Se pueden recolectar mientras aún están inmaduros solo si
se van a consumir inmediatamente. Si es para almacenamiento, la calabaza debe cosecharse cuando esté completa-
mente madura. Nos daremos cuenta de que el fruto ha ma-
durado si observamos que el pedúnculo se ha secado con
normalidad o, en su defecto, si la planta en general ya ha
comenzado a marchitarse de forma natural.

Tomate

El momento ideal es cuando el fruto está rojo. Sin embargo, se puede recolectar antes, cuando esté tomando un color rojizo, y luego dejar que madure en un lugar fresco.

◇　◇　◇

Pepino

Si se cultiva para consumirlos frescos se deberá cosechar cuando el fruto esté firme, con un color verde brillante y entre 15 a 20cm de largo. En caso de cultivarlo para preparar encurtidos, el pepino se deberá cosechar mucho antes, cuando tenga entre 7 a 10cm de largo.

◇　◇　◇

Pimiento

Dependerá del gusto de cada uno. Aunque el fruto maduro es de color rojo, también se lo puede cosechar cuando esté amarillo (inmaduro) o verde (madurando).

Conservar la cosecha adecuadamente

Si cultivamos una pequeña huerta, seguramente cosecharemos las verduras cuando las vayamos a consumir. Sin embargo, en una gran huerta, las hortalizas del mismo tipo madurarán a la vez y cuando llegue el momento de la cosecha nos encontraremos con una gran cantidad de verduras. En este caso, será necesario que las procesemos correctamente para que se conserven durante mucho tiempo.

Existen muchos métodos para conservar por más tiempo los alimentos. Pero, para una escala doméstica, nos bastará con emplear unos pocos:

Refrigeración

Este método conserva los alimentos retrasando el crecimiento y reproducción de microorganismos así como la acción de las enzimas que causan la putrefacción de las verduras.

Entre las hortalizas que podemos refrigerar están el apio, verduras de hoja como acelgas, lechugas y repollos, verduras de flores como alcachofas, brócoli y coliflor, bulbos como cebolla y puerro y algunas raíces como rábano y zanahoria.

Congelación

Este es uno de los métodos más simples para conservar alimentos durante mucho más tiempo. En el caso de las verduras conviene trocearlas y escaldarlas, es decir, sumergirlas en agua hirviendo por unos segundos y luego en agua fría, para inhabilitar la mayoría de microorganismos. Lo último a tener en cuenta es que las verduras deben estar secas y almacenadas en envases herméticos.

Se pueden congelar la mayoría de las hortalizas siguiendo estos pasos. Algunas verduras como el choclo, el pimiento y la cebolla se pueden congelar crudas, picadas o cortadas, al igual que algunas hierbas como el perejil.

Encurtido

También conocido como decapado, el encurtido es un proceso de conservación mediante la inmersión en un líquido antimicrobiano comestible. La formas más conocida de preparar encurtidos es mediante la inmersión en salmuera, vinagre o aceite.

Los vegetales más comunes que se preparan en encurtidos son los pepinillos, cebollas, ajos, pimientos, berenjenas, coliflor y brócoli entre otros.

Sin embargo, hay muchas hortalizas que no se pueden conservar siguiendo estos tres métodos, como por ejemplo las papas, pepinos y tomates y algunas frutas como limones, naranjas y bananas. Si tenemos una gran cosecha de alguna de estas hortalizas, lo más probable es que no lleguemos a consumirlas todas y muchas se terminarán estropeando. En este caso podemos recurrir a un método poco conocido actualmente pero que se utilizó durante siglos para almacenar hortalizas:

Bodega de raíces

Es una estructura, generalmente fría, húmeda y ventilada, que tradicionalmente se destinó al almacenamiento de cultivos de raíz. Las bodegas de raíces están diseñadas para mantener los alimentos a una temperatura controlada (0º a 5º C) y una humedad constante (90 - 95%). Estos valores de humedad no se pueden obtener en un frigorífico y esta es una de las razones por las que muchas verduras acaban pudriéndose aunque se mantengan refrigeradas durante muchos días.

Además de cultivos de raíz como remolachas, zanahorias, rabanitos y papas se pueden almacenar otras verduras como coliflor, repollo, apio, ajo, puerros, cebollas y calabazas y algunas frutas como la manzana y la pera. Lo único a tener en cuenta es que las frutas deben almacenarse separadas de las verduras ya que al liberar etileno pueden acelerar el proceso natural de maduración de algunas hortalizas acortando su vida útil.

Al cultivar y conservar la mayor cantidad posible de verduras, no solo estaremos ahorrando dinero sino que lo más importante, nos aseguraremos de consumir alimentos de calidad todo el año.

BIBLIOGRAFÍA

Barbosa-Cánovas, G.V., Fernández-Molina, J.J., Alzamora, S.M., Tapia, M.S., López-Malo, A. & Welti Chanes, J. (2003). *Handling and Preservation of Fruits and Vegetables by Combined Methods for Rural Areas.* ISBN 92-5-104861-4. Roma. FAO.

Chiappella, J.S. *Riego y Protección de cultivos en la huerta.* Serie de extensión Nº 81. ISSN 03258874. Concepción del Uruguay. INTA.

Growing Food in the City. Seattle Public Utilities. https://www.seattle.gov/Documents/Departments/SPU/EnvironmentConservation/GrowingFoodintheCityBroch.pdf. Accesed Aug. 16, 2020.

Growing Healthy Soil. Seattle Public Utilities. http://www.seattle.gov/util/cs/groups/public/@spu/@conservation/documents/webcontent/growinghe_200311261701557.pdf. Accesed Sep. 10, 2020.

Schonwald, J. & Pescio, F. (2015). *Mi casa, mi huerta: técnicas de agricultura urbana.* ISBN 978-987-521-591-7. Buenos Aires. INTA.

Sillanpaa, M. (1972). *Los oligoelementos en los suelos y en la agricultura.* Roma. FAO.